Kyffin Williams yn braslunio yn yr awyr agored

# Kyffin a'i Gynefin

Carolyn Davies a Lynne Bebb

addasiad Cymraeg Siân Owen

Gomer

Argraffiad Cyntaf 2005

ISBN 1 84323 579 X

Cyhoeddwyd gyda chymorth ariannol Awdurdod Cymwysterau, Cwriclwm ac Asesu Cymru
ⓗ Testun a'r detholiad hwn: Carolyn Davies a Lynne Bebb
ⓗ Lluniau a darluniau: Kyffin Williams
ⓗ Ffotograffau: Nicholas Sinclair

Argraffwyd yng Nghymru gan
Wasg Gomer, Llandysul, Ceredigion

**DIOLCHIADAU**

Dymuna'r awduron a'r cyhoeddwyr gydnabod yn ddiolchgar y cymorth a'r
gefnogaeth a gafwyd wrth baratoi'r cyhoeddiad hwn.
Diolch yn arbennig i:
Kyffin Williams
Nicholas Sinclair am ffotograffau
Yr orielau a pherchnogion presennol paentiadau a lluniau Kyffin Williams

Ffermwr Islaw'r Moelwyn

O'r dechrau un, roedd Kyffin Williams yn gwybod yn iawn
pa bethau yr oedd am eu paentio.  Gwirionai'r artist ar bobl,
ffermwyr, tirwedd ac anifeiliaid ei ran arbennig ef o Gymru.

Cerddodd i'r dyffrynnoedd mwyaf anghysbell a dringodd y
mynyddoedd uchaf. Meddai, 'Fe gafodd y cyfan eu cadw yn fy
llyfrgell o atgofion ac rwy'n dal i droi atynt wrth baentio hyd
heddiw.'

Ffordd yn yr Hydref, Nanmor

Ar y dechrau, byddai'n cario ei îsl, paent olew a chynfas i fyny i'r
mynyddoedd a thrwy'r rhedyn trwchus i baentio. Gydag amser,
sylweddolodd fod yr holl bethau a welodd wedi eu cadw yn ei
feddwl ac y gallai wneud gwell defnydd o'r paent yn ei stiwdio.

Y Grib Goch o Gwm Aelhir

Daliodd ati i weithio yn yr awyr agored, yn ei gwman rhwng y
creigiau neu yng nghysgod wal gerrig, gan wneud lluniau yn ei
lyfr nodiadau mewn inc, dyfrlliw a phensil.

Pan fydd Kyffin yn paentio,
bydd yn taenu'r paent yn
drwchus gyda chyllell balet.
Gallwch deimlo ei luniau yn
ogystal â'u gweld.

Haul ac Eira,
y Grib Goch

Hydref, Nanmor

Drwy'r tymhorau, mae'n cofnodi'r lliwiau o'i gwmpas yn newid.
Yn y gwanwyn, mae'r coed masarn a helyg yn wyrdd a melyn
gloyw. Yn yr hydref, daw lliwiau dyfnach i gynhesu bro a bryn.

Haul Min Nos ar yr Wyddfa

Yn yr haf, mae'r haul yn codi dros yr Wyddfa yn wawr binc ac euraid ond, pan ddaw'r gaeaf, bydd y copa yn ddu-las a'r rhedyn yn goch llachar hyd y llethrau. Bydd silwét y mynyddoedd yn dywyll yn erbyn gwyn yr awyr wyllt.

Storm o Law, Yr Eifl

Mae Kyffin yn sôn am adegau pan aeth allan i dynnu lluniau yn yr eira, mewn rhew trwm pan fyddai'r inc yn rhewi ar y papur, neu mewn tywydd mor wlyb nes bod y dafnau glaw yn cymysgu gyda'r golchiad o'r brwsh.

Mae'n sylwi ar gymylau, wyneb y graig, ambell fflach o oleuni ar y bryniau, a thonnau pell yn torri ar y traeth.

Rhew ar Lyn Idwal

'Unwaith fe welais i Fwgan Brocken ar lethrau Moel Ddu.
Ffurfiodd enfys gron islaw'r clogwyni ac wrth waelod yr enfys
roedd siâp clamp o ddyn mawr. Chwifiais fy ffon a chwifiodd y
dyn anferthol ei ffon yntau hefyd. Ychydig iawn o bobl sydd wedi
gweld Bwgan Brocken,' meddai Kyffin.

Merlod, Llanfair-yng-Nghornwy

Pan oedd Kyffin yn fachgen, roedd yn byw wrth lan y môr. Mae'n cofio mynd 'ar gefn merlen i weld y difrod a wnaed gan y môr gwyllt a syllu ar olion llongau wedi'u dryllio ar yr arfordir'.

Storm, Trearddur

Mae'n caru'r môr hyd heddiw ac yn ei baentio drosodd a throsodd.

   'Mewn rhai ffyrdd, i mi mae paentio môr stormus fel marchogaeth ceffyl bywiog sy ar dân eisiau dianc.'

Pyllau Teifi

Weithiau, bydd Kyffin yn teimlo fel petai'n gweld Cymru gyfan o'r fan lle mae'n sefyll.

Llŷn

Dyma ei ddisgrifiad o'r olygfa un diwrnod: 'Roedd Penrhyn Llŷn yn
diflannu i'r gorllewin, yn gadwyn o fryniau diddorol dros ben . . . .
Cwm Pennant mor hyfryd ac eto mor drist yno yng nghysgod Moel
Hebog, yna creigiau Tremadog, a thu hwnt iddynt gipolwg pell ar yr
Arddu, y Cnicht, mynyddoedd y Moelwyn a chip ar Arennig Fawr.
Mae cadwyn gyffrous o fynyddoedd sy'n eich tywys fel llafn pladur
at Benmaendewi yn bell ar y gorwel, a mynyddoedd Preseli.'

Rhaeadr, Cwm Glas

Mae Kyffin yn defnyddio'r gair 'cynefin' wrth feddwl am y dirwedd sydd mor agos at ei galon a'r holl bethau sy'n rhan ohoni: y mynyddoedd, pob cefnen a sgri, y llynnoedd, yr afonydd a'r rhaeadrau, cestyll, ffermydd a bythynnod, anifeiliaid, ac wrth gwrs y bobl. Mae'n air arbennig iawn – gair sy'n disgrifio'r ardal lle'r ydych yn perthyn, yn teimlo'n gartrefol.

Eira yn Nant Peris

Yn llyfrgell atgofion Kyffin, mae hanesion lu am wahanol leoedd –

. . . y fferm yn Nant Peris sy'n wag ers tro byd . . .

. . . y Grib Goch, y 'gefnen ffyrnig sy'n grychau i gyd'. . .'rwy'n hoffi ei siâp – fel craig yn ei chwrcwd . . .'

. . . y 'tomenni llechi mor fawr a'r bythynnod mor fach' ar y bryniau uwchlaw Caernarfon.

Portread o Hugh Thomas

Mae Kyffin yn llawn atgofion melys am bobl hefyd –

Hugh Thomas: 'Dyna lle'r oedd gyda'i gryman yn tocio gwrych blêr oedd yn tyfu o ryw hen wal . . .'

. . . neu'r botanegydd o chwarelwr, Evan Roberts, a oedd yn 'crwydro'r mynyddoedd ac yn cofio lle'r oedd pob planhigyn prin yn tyfu . . .'

. . . neu Thomas Jones, yr hen forwr o ben draw Môn, â'i hanesion am greigiau a llongddrylliadau a chyrff dynion yn y dŵr . . .

Hugh Rowlands a'i Ffon

. . . neu Hugh Rowlands, a ddefnyddiai ei ffon 'er mwyn cadw'i falans wrth groesi'r llethrau ac i ddidoli'r defaid . . .'

. . . neu'r hen Mrs Stanley â'i gwallt 'yn denau fel niwlen uwch ei phen' a'i 'dwylo main byth yn llonydd am eiliad . . .'

. . . neu Dafydd Williams â'i wallt 'lliw tywod, yr un ffunud â'r llwynogod oedd yn byw ar y mynydd' y tu cefn i'w fferm.

Merlod, Rhosgadfan

Mochyn Daear

Hebog Harris

Bu anifeiliaid ac adar yn bwysig i Kyffin erioed. Un diwrnod daeth clecian carnau i ddryllio'r tawelwch a charlamodd merlod mynydd Cymreig heibio ar hyd y ffordd, yn winau, du a llwyd.

Llwynog

Bwncath Ifanc

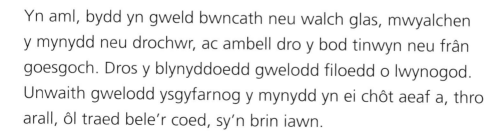

Crëyr Glas Ifanc

Yn aml, bydd yn gweld bwncath neu walch glas, mwyalchen
y mynydd neu drochwr, ac ambell dro y bod tinwyn neu frân
goesgoch. Dros y blynyddoedd gwelodd filoedd o lwynogod.
Unwaith gwelodd ysgyfarnog y mynydd yn ei chôt aeaf a, thro
arall, ôl traed bele'r coed, sy'n brin iawn.

Ffermwr gyda Defaid

Yn bennaf oll, mae Kyffin wrth ei fodd yn gwylio'r ffermwyr a'u cŵn defaid wrth eu gwaith yn yr eira. 'Mae hi fel petai darn o linyn rhyngddyn nhw,' meddai.

Yn oerfel y gaeaf, bydd Kyffin yn dilyn yn ôl troed y ffermwyr sy'n chwilio mor ddiflino am eu defaid o dan yr eira. Gall defaid fyw am hyd at bythefnos o dan y lluwchfeydd, eu hanadl yn gwneud ogof dan y lluwch a dim ond twll bach melyn yn yr eira uwch eu pennau i arwain y ffermwyr atynt.

Chwilio am Ddefaid

Yn ias y gwynt a'r eira rhewllyd, bydd Kyffin yn tynnu llun y ffermwyr yn gweithio gyda'r cŵn. Rhaid dal yr eiliad mewn brasluniau cyflym gan ddefnyddio llinell a thôn.

Wedyn, yn ei stiwdio, bydd yn paentio'r ffermwyr. Bydd eu siapiau, yn eu dillad llwyd a brown, yn silwét yn erbyn yr eira, a hwnnw byth yn wyn ond yn gymysgedd o arlliwiau llwyd golau.

Nant, Porth Cwyfan

Wrth edrych yn ôl dros y blynyddoedd, dywed Kyffin, 'Mae fy ngorffennol i gyd yn y paentio, ac nid yn unig fy ngorffennol i, ond gorffennol fy hynafiaid hefyd.' Mae'n sylweddoli mai'r tir

hwn lle y'i ganed a'i magwyd a'i gwnaeth yn arlunydd. 'Bum i ffodus i gael fy ngeni yn y fath le,' meddai. Gydol ei oes hir dangosodd ei gariad a'i werthfawrogiad trwy gyfrwng ei baentio.

# Bywyd yr Artist

| | |
|---|---|
| 1918 | Ganed yn Llangefni, Ynys Môn, Cymru |
| 1925 | Dechreuodd ar ei addysg yn Ysgol Trearddur House, Ynys Cybi, Môn |
| 1931 | Aeth i Ysgol Amwythig |
| 1936–1941 | Gwasanaethodd gyda'r Ffiwsilwyr Brenhinol Cymreig |
| 1941–1944 | Astudiodd yn Ysgol Gelfyddyd Gain Slade, Llundain |
| 1944 | Daeth yn Uwch Athro Celf yn Ysgol Highgate |
| 1949 | Ei arddangosfa un-dyn gyntaf yn P a D Colnaghi, Llundain |
| 1968 | Enillodd Ysgoloriaeth Winston Churchill i gofnodi'r Cymry ym Mhatagonia |
| 1969 | Cael ei benodi'n Llywydd yr Academi Frenhinol Gymreig |
| 1974 | Dychwelodd i Gymru |
| 1974 | Daeth yn RA (aelod o'r Academi Frenhinol) |
| 1982 | Derbyniodd OBE |
| 1987 | Arddangosfa yn edrych yn ôl dros ei waith yn Amgueddfa Genedlaethol Cymru, Caerdydd |
| 1988 | Gwnaed yn Ddirprwy Raglaw Gwynedd |
| 1989 | Cymrawd Anrhydeddus Coleg y Brifysgol, Abertawe |
| 1991 | Cymrawd Anrhydeddus Coleg y Brifysgol, Bangor |
| 1991 | Derbyniodd Fedal Anrhydeddus Cymdeithas y Cymmrodorion |
| 1992 | Cymrawd Anrhydeddus Prifysgol Cymru, Aberystwyth |
| 1995 | Derbyniodd Fedal Glyndŵr a Medal Cymdeithas Celfyddyd Gyfoes Cymru |
| 1999 | Cafodd ei urddo'n Farchog gan ei Mawrhydi y Frenhines |
| 2001 | Doethur er Anrhydedd mewn Llên, Prifysgol Morgannwg |

Kyffin Williams yn y stiwdio

Kyffin Williams yn paentio yn y mynyddoedd

## Casgliadau

Amgueddfa ac Oriel Gelf Casnewydd

Amgueddfa ac Oriel Gelf Glynn Vivian, Abertawe

Amgueddfa ac Oriel Gelf Henffordd

Amgueddfa Genedlaethol Cymru, Caerdydd

Cymdeithas Celfyddyd Gyfoes Cymru

Llyfrgell Genedlaethol Cymru, Aberystwyth

National Portrait Gallery, Llundain

Oriel Gelf Walker, Lerpwl

Oriel Ynys Môn, Llangefni

Prifysgol Cymru, Abertawe

Prifysgol Cymru, Bangor

Ysgol Cas-mael, Sir Benfro

# Manylion y paentiadau a'r lluniau

Clawr Blaen      Richard Evans, Cwm Pennant, 2000

Wynebddalen   Dyn a Bwced, Cilgwyn 1999
Tudalen 5        Ffermwr Islaw'r Moelwyn, 1982
Tudalen 6        Ffordd yn yr Hydref, Nanmor, 1997
Tudalen 7        Y Grib Goch o Gwm Aelhir, 1992
Tudalen 8        Haul ac Eira, y Grib Goch, 1994
Tudalen 10       Hydref, Nanmor, 1996
Tudalen 11       Haul Min Nos ar yr Wyddfa, 1987
Tudalen 12       Storm o Law, Yr Eifl, 1989
Tudalen 13       Rhew ar Lyn Idwal, 1991
Tudalen 14       Merlod, Llanfair-yng-Nghornwy, 1974
Tudalen 15       Storm, Trearddur, 1990
Tudalen 16       Pyllau Teifi, 1990
Tudalen 17       Llŷn, 1985
Tudalen 18       Rhaeadr, Cwm Glas, 1988
Tudalen 19       Eira yn Nant Peris, 1982
Tudalen 20       Hugh Thomas, 1950
Tudalen 21       Hugh Rowlands a'i Ffon, 1986
Tudalen 22       Merlod, Rhosgadfan, 1991
                 Mochyn Daear, 1990
                 Hebog Harris, 1992
Tudalen 23       Llwynog, 1981
                 Bwncath Ifanc, 1990
                 Crëyr Glas Ifanc, 1997
Tudalen 24       Ffermwr gyda Defaid, 1998
Tudalen 25       Chwilio am Ddefaid, 1996
Tudalen 26       Nant, Porth Cwyfan, 1997